TRANSPARENCIES

TRANSPARENCIES

Maria Borio

Translated from the Italian
by Danielle Pieratti

WORLD POETRY BOOKS

Grateful thanks to the editors of journals in which some of these translations previously appeared: *Ambit, New Poetry in Translation, Alchemy Journal of Translation, Asymptote,* and *The Offing.*

This book is made possible with support from the Stavros Niarchos Foundation.

First Edition, First Printing, 2022
ISBN 978-1-954218-02-4

World Poetry Books
New York, NY / Storrs, CT
www.worldpoetrybooks.com

Distributed by SPD/Small Press Distribution
Berkeley, CA
www.spdbooks.org

Library of Congress Control Number: 2022931464

Cover design by Diego Spitaleri
Typesetting by Dakota Jackson & Don't Look Now
Printed in the USA by McNaughton & Gunn

UCONN
HUMANITIES INSTITUTE

Distances

Videos, Fables

Transparence

DISTANCES

Creature

I.

Nulla più fragile, nulla più facile:
il tempo si perde se credo che avremo tempo
per contare tutte le forme di felicità.

Sullo schermo seguo l'immagine dell'oceano: ci separa
è freddo, ad ogni virata degli uccelli
il tuo corpo e il mio possono trasformarsi.

L'oceano stanotte ti ha toccato la pancia perché l'hai sognato,
una strana Europa mi ha accarezzato la schiena.

Premo la faccia, la figura della tua faccia
due emisferi.

Creatures

I.

Nothing more fragile, nothing more simple:
time gets lost if I believe we'll have time
to count all the forms of happiness.

On the screen I follow pictures of the ocean: it divides us,
it's cold, at every veering of birds
your body and mine might be transformed.

Tonight the ocean touched your belly because you dreamed it,
a strange Europe caressed my back.

I press my face, the shape of your face
two hemispheres.

II.

Creature, tracce del fuoco.
Sul muro segnavi le prime lettere.

Ti ho pensato una treccia nella fiamma
si apre viola, cade strato dopo strato.

Attraverseremo il tempo come le icone sopra il fondo
senza tempo del quadro: creature

che non si possono dire
che ti vincono.

II.

Creatures, traces of fire.
On the wall you made the first marks.

I thought you a braid in the flame
that opens violet, falls layer by layer.

We pass through time like icons on the painting's
timeless background: creatures

who cannot say
they conquer you.

Sapersi avvicinare

Sapersi avvicinare.
Così vediamo l'enigma della distanza
dal posto in cui si addensano i luoghi che ci hanno abitato.
Inizio chiamando le isole di erica e ghiaccio
l'alba atlantica
un aereo al decollo
versi duri di gabbiani come sottili catene.

Chiedete nudità. Le scogliere si aprono
più a sud in un prato piatto
e gli animali sono immobili
una sinfonia che si avvolge su se stessa:
pensavi alla loro bicromia
trovando in qualche angolo della lingua
mele acide, bacche rosse
la pianura premuta dalla nebbia
che si incastra nei movimenti.

Affacciati, dall'alto sul mare,
ripeti la vertigine
nel basso della pianura
in contrappeso.

To Know How to Approach

To know how to approach.
How we see the riddle of distance
from here to where the places we've lived thicken.
I summon the islands of heather and ice
the Atlantic dawn
a plane in ascent
hard verses of gulls like fine chains.

To seek nudity. Farther south
the cliffs open to a broad plain
and the animals are unmoving
a concert shrouds itself:
you thought of their varicolor,
finding in some nook of your tongue
sour apple, red berries,
the prairie pressed by fog
bogged in its movement.

To look out on the sea
from above, repeat the vertigo
of the plain's base
in counterweight.

Mi sono affacciata ed era spazio più ampio
una meridiana arsa di capperi e lava
tesa a lande calcaree, dorsali.
Gli uomini sdraiati sul fondo dell'Europa
forse mi hanno guardato, e chiedo
sarete intrecciati nei posti che ho visto
in uno solo breve come poter dire
cosa sono i miei anni minuscoli
attraverso lo scontro di sud e nord.

Ogni luogo appartiene ad altri.
Li appoggio senza genealogia,
gli do odore, ricevo umido e arido.
Ci bagnano o uccidono.

Eri nel punto più alto della scogliera
nel vento del nord affilato, lunare.

Voi li abitate adesso. Avvicinatevi.
Mi affaccio, salto—
da roccia a roccia sopra un resto.

I gazed out and the space was ampler
a parched sundial of capers and lava
stretched to limestone, dorsal heaths.
Maybe the men down there on Europe
watched me. Maybe I ask
are they entwined in the places I saw
in a single brief how to say
what are my meager years
through the clash of South and North.

Every place belongs to others.
I place each with no ancestry.
I offer scent, I receive damp aridness.
They bathe or kill us.

You were at the highest point of the cliff
in the Northern wind, sharp, lunar.

You who live in them now, approach each other.
I look out, jump —
from rock to rock over the remains.

Settima scena

Stendevamo le mani contando
i bordi di pelle incrinati.
Questa è una scena visibile
dietro una parte di me che indietreggia,
si sorregge la luce insieme
la carta e il digitale, ti sorreggi
consegnato alla portafinestra
e mi apri uscendo sopra il gelo.
        Questa è una seconda scena
che mi lascia creatura tra gli uomini,
tu uomo tra le creature che degradano—
il balcone, la condotta di rame, i grovigli delle nuvole,
una sagoma parlante.
        Nella terza scena parliamo immobili
attraverso uno schermo nell'etere
particelle o nella sottospecie di materia,
gli atti che chiamano linguaggio
o il linguaggio vero, sinuoso, incosciente.
        Posso dirti
il tempo reale, nel tempo reale puoi
dirmi, accecati dalla luce digitale,
la fortuna di saper aprire
una quarta scena
dove entrano i frammenti degli altri
e noi ricomponiamo barricandoci

Seventh Scene

We'd extend our hands
assessing their edges' cracked skin.
It's a scene visible
behind a part of me retreating,
light sustains all things
paper and digital; you sustain yourself
delivered to the door where
emerging onto the ice you open me.
        This second scene
leaves me creature among mankind,
you man among the creatures degrading—
balcony, copper pipe, tangle of clouds,
a silhouette that speaks.
        In the third scene we talk
motionless across a screen in the ether
particles or material subspecies
the acts they call language
or true language, sinuous, unconscious.
        I can tell you
real time, in real time you can
tell me, both blinded by the blue light,
the luck of knowing how to open
a fourth scene
where the fragments of others enter
and we recover, banding ourselves

a un orario e a una parola—
le notizie rosse e irreali
sono scese dietro l'orizzonte,
un attimo al mondo per diventare—
quando nella quinta, sesta, settima scena saranno
il postino o l'uomo del pub
o tuo padre persino e mia madre
sempre più in sé sprofondati.
      Così alla quinta scena ero tornata nel segreto
e l'avevi cancellato per un mondo
che entrava nella stanza allontanandosi.
Poi alla sesta scena eravamo in una semplice fila
alla stazione, con gli occhi e una banconota
piegati tra la mano e il tavolo—
un affidarsi, un rispettare.
      Alla settima scena torno e respiro
nell'irrealtà prodotta dello schermo dei colori
del viso e della voce,
lontani e accesi, collisioni, temperature, frenetici
mentre il puro pensiero di me
non è più me
ma lo conservi, e i famelici ostacoli
di una lotta per il nostro posto
sono accidenti,
tempeste.
      Un suono di gola, primitivo:
la trasmissione del niente è all'altrui niente—
la settima scena di noi è il settimo giorno,
la vita che vogliono rubare
bianca è nuda.

to a schedule and a word—
the red, imaginary news
has sunk behind the horizon,
one moment for the world to become—
when there in the fifth, sixth, seventh scene
will be the mailman or the guy from the bar
or even your father and my mother
sinking always further into themselves.

       In this way I'd returned, in the fifth scene,
to the secret you had erased for a world
that entered the room withdrawing.
Then in the sixth we were in line
at the station, with our eyes and a bill
folded between hand and table—
a self-trust, a respect.

       In the seventh scene I return
breathe in that unreal product
of screen, color, face and voice, far
and bright, chaotic collisions, temperatures,
while the pure thought of me
is no longer me
though you save it, and the eager trials
of this fight for our place
are accidents,
storms.

       A primitive, guttural sound:
the sending of nothing to others is nothing—
our seventh scene is the seventh day,
the life they want to steal
blank is naked.

Aquatic Centre

Stesa sul letto a volte vedi forme,
curve che entrano e spirali che evadono.
Gli organi trasparenti in alto si aprono
e diventano una linea morbida che insegue se stessa,
pulisce il respiro dai colori scuri—il colore del sangue,
o quello denso della carne dove nascono le api.

Nulla si rigenera, ma è prolungato, infinito
nella linea che pulisce gli oggetti e fa cose
per pensare, per abitare: un grande uovo, ad esempio,
si spacca senza perdere liquido e bianchissimo invade
gli angoli del soffitto, apre un arco, una porta
fra i continenti.

Tra il cielo e l'acqua questo edificio
splende in una luce illimitata:
puoi aprirlo, aprirti
a una lingua di toni aspri,
tornare nel suono rotondo di un'altra
riprendendo quei toni come finestre sul mare
o il ponte sospeso per il parco
dove le persone stese sull'erba sono api
e il calore al sole sembra impedire la morte
anche se tra anni, milioni, un giorno
esplodendo.

Aquatic Centre

Stretched out on the bed you see shapes,
curves that enter and spirals that evade.
The transparent organs overhead open
become a soft line chasing itself,
cleansing the breath's dark colors—the color of blood,
or that depth of flesh where bees breed.

Nothing regenerates, but all is prolonged, infinite
in the line that cleans objects and makes things
to think, inhabit: a huge egg, for example,
breaks without spilling and whiteness fills
the angles of the ceiling, opens an arch, a door
between continents.

Between sky and water this building
shines in endless light:
you could open it, open yourself
to a tongue of harsh tones,
return to the other's round sleep
finding again tones like windows on the sea
or the suspension bridge over the park
where people stretched on the grass are bees
and the sun's warmth wards off death
even if in years, millions, one day
it explodes.

Segui poi altre linee, quelle della specie,
forse come sapere che nascere
non sarà più violenza, ma fenomeno di sguardo,
e dal letto lasci il sesso arrampicarsi
attorno ai contorni di questo edificio
nel suo bianco sotto raggi tempesta,
la stella nell'attimo prima
di esplodere.

La vita è ovunque, in una linea curva
ognuno abita come pensare.
Le api ora lasciano la mia bocca perché le penso.

You follow those other lines, of species,
as though knowing to be born
won't be violence, but a phenomenon of gaze,
and from the bed you let sex crawl
the contours of this building
in its white under storm rays,
the star just before
it explodes.

Life is everywhere, in the curved line
we inhabit as though thinking.
Now as I think of them the bees leave my mouth.

Abitarsi (1)

Abitano una terra piatta. Fingono di non avere futuro.
Palmo piatto contro palmo curvo
dicono *adesso*, non *per sempre*.

Restano a piedi scalzi sul pavimento come su una terra piatta,
distraggono l'idea che sbatte fuori addosso
che il futuro è solo parti smembrate: mani senza braccia

pupille sbalzate sul fiume di là, dove raccontavi
che un guado era un'isola come se tutti potessero
andare ciechi sul ponte e vedere l'isola.

Oltre il ponte piedi senza caviglie, sull'altra riva
il meccanismo delle ginocchia, nodi
sempre più deboli, distanze.

L'ombelico è un segno levigato,
toccandolo si spengono i rumori fuori.
Nudi dall'alto sembrano ciechi per dire

che solo l'ombelico è un'isola, che intorno
non si sente la morte, ma spirali accese del futuro—
e questo è essere ciechi su una terra piatta

To Inhabit (1)

They inhabit a flat land. They pretend to have no future.
Flat palm against curved palm
they say *now*, not *forever*.

They stand barefoot on the pavement as though on flat land,
a banging distracts them, the idea
that the future is only dismembered parts: hands without arms

pupils flung in a far river whose ford,
you told, was an island, as though from the bridge
with eyes closed you'd envision an island.

Beyond the bridge feet without ankles, on the other shore
the knee joint, knots
always weakening, distances.

The navel is a polished sign,
touching turns off outer sounds.
Nudes from above seem blind, claim

the navel is the island, inside
one doesn't feel death, only the future's lit spirals—
what it is to be blind on a flat land

diventare calamita per mani, occhi, piedi, ginocchia
per tutto il tempo spezzato, tutti fuori

che almeno una notte passando sull'acqua come ciechi
si sentiranno più sicuri di quest'arte millenaria.

to become magnet for hands, eyes, feet, knees,
all of time broken, all who outside

for one night on the water blind
might trust this millenial art.

Silenzio ampio

Ha piegato le camicie in fila
con la coda dell'occhio al cassetto semiaperto
come potesse contenere te e il respiro silenzioso
dove si posano i capelli e le unghie
ascoltando un cacciavite che cerca di aprire.

Muovendo i polpacci sul lenzuolo
resta un uncino sulla retina
tira gli errori come una pinza d'argento,
il ruvido dal liscio, i nodi
dei peli appena crescono sulla pelle.

Questa ora è un silenzio ampio
abbatte il movimento di gambe, pieghe,
fenditure, lacci. Dall'altra parte del silenzio
una persona che con il silenzio parla

che ha potuto vedere camicie, calzini, lacci
la distanza e forse l'acerbo proteggere
mentre sale come un uccello in vetta
con sfida al predatore, per non appartenere.

In questo silenzio la meraviglia trasparente
di ciò che è lasciato batte per granelli di sale:

Ample Silence

Having folded a row of shirts
in the corner of one eye the half-open drawer
as though it might hold you and your silent breath
where hair and fingernails rest
listening to a screwdriver trying to turn.

Calves shift on the blanket
on the eye's screen a hook remains
pulling out mistakes like tweezers,
coarse from smooth, knots
from hairs the moment they grow on skin.

The hour is an ample silence
the movement of legs breaks down, wrinkles,
fissures, laces. From the other side of the silence
a person who talks with silence

who could see shirts, socks, laces
distance, even bitter protection
as it leaves like a bird leading
its race with a predator, so as not to belong.

In this silence the transparent marvel
of what's left behind batters grains of salt:

accade, così si giura, né prima né dopo,
punta un entrare occulto, che non è
conoscersi o ascoltarsi, ma essere.

In questo silenzio il pacco delle camicie riposa:
una bomboniera, un diario, un ciottolo.
Come un uccello freddo gli vorresti chiedere
di ucciderti, di vedere che cadi dalla scogliera

nell'acqua ti trasformi in un delfino
e forse, padre ignaro di sé, potrà sentire
come per i figli che chissà cosa diventano
quando abbiamo creduto di proteggerli...

Ti ha mandato un silenzio ampio
dentro a un vetro sottile, si rifrange
mentre leghi la carta. La camera di altri
il respiro di altri rompe la trasparenza—
già precipita, pochi secondi.

it happens, one swears, neither before nor after,
seeks a secret entrance, not to know
or hear oneself, but to be.

In this silence the parcel of shirts lies:
a party favor, a diary, a stone.
Like a cold bird you'd like to ask it
to end you, to see yourself fall from the cliff

in the water you'll become a dolphin
maybe then he'll hear—unwitting, father-like—
how children become who-knows-what
when we thought we could protect them...

You've been sent this ample silence
inside thin glass, it refracts
as you lace the paper. The room of others
the breath of others breaks the transparence—
mere seconds, already it falls.

Abitarsi (2)

Imprevisto ritorno al tu
—Andrea Zanzotto

I.

Finestre alte, segni perpendicolari:
prova a identificare.

La freccia è sullo schermo
come se tutto il movimento possa esistere
nella scacchiera di una rete.

Dividi ciò che esiste.

Sembro emerso da una piscina azzurra, un cubo compresso
seduto sul divano vedo linee rette perfette
dei mobili, del tappeto, del soffitto:
un racconto di controllo—.

Ha portato sul tavolo una pianta di aculei.
Il verticale l'orizzontale restano premuti
contro due persone che si vedono due e molti,
si afferrano quando è ferma in mezzo
la freccia del navigatore

che uno ha guidato e l'altro
nella stessa freccia
comprime chi lo trova.

«

To Inhabit (2)

Unexpected return to the you
—Andrea Zanzotto

I.

High windows, perpendicular marks:
try to identify.

The cursor is on the screen
as though all movement could exist
on this chessboard network.

You divide what exists.

I seem submerged in a blue pool, a compressed cube
seated on the sofa I see the perfect grid
of furniture, carpet, ceiling:
a story of control—.

He brings a spined plant to the table.
Vertical and horizontal still press
against two people who see themselves as many,
who grasp each other when the cursor
halts between them

the cursor one has steered
as the other presses
the finder against it.

II.

Conservi un'immagine tra le linee del palmo:
noi guardiamo noi
irrigiditi e ci spezziamo
con la decisione del ghiaccio.

Imprevisto ritorno al tu. Unisci ciò che esiste.

Le spine del cactus serrano una vertebra d'acqua.

Una vena della città avrà un ritmo buono
sotto le persone che camminano
e i loro organi che vedi osceni, trasparenti?

II.

You save an image between the lines of your palm:
we watch us
rigid and break ourselves
with an icelike decision.

Unexpected I return to the *you*. You unite what exists.

The cactus spines clench their vertebra of water.

Can the city's vein have rhythm
beneath the feet of those who walk,
their obscene, transparent bodies?

Due parti

Fermati e ritaglia la regola delle due parti—
tu, io—i piedi come sono lontani dagli occhi:

in ogni persona fissa questa distanza.
Il corpo di tutti è unità di misura,

ma nessuno uguale—la distanza che sempre
trema dai capelli ai talloni dei bambini

adesso è il contatto tra il caldo a morsa dell'estate
e la pioggia grigia quando iniziano ad abitarsi.

L'aria è ferma, arsa, lenta come una bestia.
La distanza tra piedi e occhi asciuga.

Sul fondo della valle siamo rimasti schiacciati,
non più reali—noi e le macchine, i covoni pressati,

i cavalli calmi. L'aria riempie lo stomaco: a volte toglieva
colore ai cespugli del lauro, lo fissava negli occhi

e credevamo che l'atmosfera diminuisse,
che avessimo respirato solo pensando.

Two Halves

Stop and carve out the rule of halves—
you, me—feet's distance from eyes:

a fixed length in all of us.
Everyone's body a unit of measure,

but none the same—the distance that always
trembles between children's hair and heels

the contact between summer's gripping heat
and gray rain when they begin to move in.

The air is stopped, scorched, slow as a beast.
The distance between feet and eyes dries up.

At the bottom of the valley we're left squeezed,
no longer real—us and the machines, the sheaves pressed,

the horses calm. Air fills the stomach: sometimes it lifted
color from the laurel bush, stared into its eyes

and we believed that the atmosphere would diminish,
that we had breathed just thinking.

Salivamo—mi guardavi come se tutte le luci
del fondo fossero occhi, potevano guardarci.

La distanza tra i capelli e i piedi trema selvatica
fra il punto più alto di questa collina e oltre

la gemella, una forma pulita e la schiena
di un cavallo che dorme. La luna è alta in fretta.

Restiamo a guardarla senza saperle dare un nome
le teste senza meta che la cercano.

We climbed—you looked at me as though if all the lights
at the bottom were eyes, they could see us.

The distance between hair and feet trembles wild
between the highest point of this hill and beyond

our binoculars, a clean form and the back
of a sleeping horse. The moon rushes to its height.

Aimless heads we gaze searching not knowing
to name it.

Altre parti

Non riposano. Il fascio di luce è calmo.
Guardano le barche come fossero alte sul mare.

Una vita è anche violenza.

La corrente trattiene le barche,
il bordo è come due persone.

Sotto le palme l'aria diventa scura
ma il nero somma tutti i colori.

La vita è anche violenza?

Li hai visti scambiarsi i suoni,
il mare che fa silenzio, i legni
degli scafi, frutti nell'ombra.

Il silenzio era nero e perfetto:
uno dal bordo sul mare si sporge,
l'altro lo trattiene a terra.

Other Places

They don't rest. The beam of light is calm.
They watch the boats like they're high on the sea.

A life is violence, too.

The current holds the boats,
the edge is like two people.

Under the palms the air turns dark
black sums all colors.

A life is violence, too?

You saw them exchange sounds,
the sea that makes silence, the wood
of the hulls, fruit in the shade.

The silence was black and perfect:
one on shore leans toward the sea,
the other holds him down.

Verde e rosa

I.

Restate fermi come nel bosco.
C'è il solco dei confini tra gli alberi
il segno pesante che li ha fermati
figure nascono come una nazione intorno.
    È una coscienza che non ricordate più—
una patina lucente che si può immaginare tra le persone
crederle confini.

Green and Scarlet

I.

You hold still, like in the forest.
There's the border drawn between trees
the heavy sign that blocked them
all around shapes emerge like a nation.
    It's a consciousness you no longer remember—
a glossy surface imagined between people
believed confines.

II.

Guardiamo il bosco verde e rosa
al di là c'è una pianura violenta
le linee luminose sul reticolato della città.
A volte, le piante delle città sono legate
nella nostra mente
      più dei sentimenti fra le cose umane
—osì graffiamo la patina perché altri vedano questo bosco.
Forse già molti sono passati
scompaiono.

II.

We see the forest green and scarlet
beyond there's a violent plain
the bright lines on the grid of the city.
In our mind the cities' plants are linked
at times even more
        than emotions between things human
—so we scratch at the surface; others may see this forest.
Perhaps many have already passed,
disappear.

III.

I confini fuggono dal tempo se ne abbiamo paura?
A volte, crediamo di poter cucire le righe delle strade
come fili precisi, spazi sempre più stretti
una forma nazione inaspettata e vuota.
     Graffiamo la patina per portarci a voi.
Gli spazi sono già nazioni più grandi—
nel vento le ghiande arrivano al mare
una trama elastica consegna passato
al futuro.

III.

Will the borders run from time if we fear them?
Sometimes we imagine we stitch street lines
like precise threads, the spaces always tighter,
a nation-shape unexpected and empty.
    We scratch at the layer to bring ourselves to you.
Already the spaces are larger nations—
acorns reach the sea by wind
an elastic plot delivers past
to present.

IV.

Ma se graffiamo irrompe una scena—
due corpi nudi
tentano di farsi male
respirano come energia cucita—
        bucano la pellicola
entrano...

IV.

But if we scratch a scene breaks through—
two nude bodies
try hurting each other
they breathe like stitched energy—
    puncture the film
enter...

V.

Si rivedono fragili
sono il bosco sotto il peso della gravitazione
sotto tutto il peso delle costellazioni
le comete-freccia entrano nel sudore.
     Solo le persone conoscono confini—
noi in noi, che ci stacchiamo, ci lasciamo
evaporare.

V.

Fragile they re-see themselves—
the forest under the weight of gravity
under all the weight of constellations
arrow-comets enter sweat.
    Only humans know borders—
we in we, that we detach from ourselves, let
ourselves vanish.

VI.

È un moto simile alla natura:
quella nazione inizia ad abitarci
          una coscienza letta con l'incoscienza.
Forse l'atmosfera muore sopra tutti.
Tutto può riconoscerci in un solo tempo
come se coscienza e incoscienza
si toccassero?

VI.

It's a movement like nature:
inside us a nation begins to live
        conscious read by unconscious.
Maybe the atmosphere dies on us.
Maybe everything can know us at once
as though conscious and unconscious
could touch?

VII.

Simili a due punte iniziano a scrivere
l'atmosfera e il sottosuolo
liberano l'una nell'altro
    il peso del falso e del vero.
Dentro, l'embrione ha già aperto un confine nuovo.
Il bosco è diventato rosa.
Fuori, non ci appartiene più.

VII.

Like two points they start to write—
atmosphere and underground
free each other
        from the weight of true and false.
Inside, the fetus has already opened a new border.
The forest has become scarlet.
Outside, it no longer belongs to us.

VIII.

Trasparenti si aprono atmosfera e sottosuolo.
Dentro, li stringiamo per capire
se siamo caduti
        tra falso e vero
stesi d'estate all'ombra
sotto il confine dei rami
troppo certo.

VIII.

Transparent the atmosphere and underground open.
From within we grasp them to know
if we fall
      between true and false
laid out in summer shade
under the branches'
too-certain wall.

VIDEOS, FABLES

Occhio, schermo

Osservate, chiedete non alla forma
ma fuori a tutto il resto cosa sia,
questa scrittura o le unghie esili,
le biografie anonime o le parole anonime.
Mi dicono che può essere forma questo libro a schermo
dove vedi vite in frammento o luce stupita.

La forma è lo schermo come una casa azzurra,
statistica e figure, un ritmo che lega gli uomini
nella mia mente. La forma è, non è ciò che volete
io dia. È, non è il divenire. È disfarsi, a volte.

L'altro limite, solo l'immagine, mi hai detto, ma lo cancello
e lo riscrivo: lettere, vi dico, pensatele, in ogni lettera
guardate una parola come un piede di bambino
appoggiato alla mano della madre, quella mano
alla pancia e la pancia a un pensiero.

A volte seguo questo percorso perché una scena accada
e non sia forma sola, ma pancia, mano, piede
che non vedete, anche nelle immagini
disordinate nell'etere sempre vi seguo,
un aereo silenzioso che rientra nell'hangar
o il cieco che arriva all'ultimo segno del braille.

Eye, Screen

Observe, don't ask the form,
ask everything else what it is,
this writing or frail fingernails,
anonymous biographies or anonymous words.
They say this book on my screen can take shape
where you see fragmented lives or astonished light.

Its form is a screen like a blue house,
statistics and figures, a rhythm linking men
in my mind. The form *is*, not that what you want
I'll give. Being, not becoming. Unbeing, sometimes.

That other limit, just a vision, you said. But I delete
and rewrite it: think of letters, I tell you, see in every
letter a word like a child's foot
resting on his mother's hand, the hand
on a belly and the belly on a thought.

At times I follow this course and a scene takes shape
and it's not only form, but belly, hand, foot
that you don't see; even into the ether's
deranged imagery I follow you,
a silent plane reentering the hangar
or a blind man reaching the last dot of braille.

Mi hanno detto di nuovo di fermarmi sulla forma,
la forma che se scrivi o vivi non è mai lo stesso.
Con i pensieri come unghie lego vite
disunite a schermo.

Again they told me to halt on form,
form that written or lived is never the same.
With thoughts like fingernails
I tie lives disunited on screen.

Lettera, 06:00

Per il momento che separa la notte
restavi allo scoperto nell'erba alta e azzurra.
Gli occhi la scrivevano in qualche spazio
e l'obiettivo della macchina fotografica la catturava
nuda e magra: qualsiasi vita che voglia apparire.

Se scrivi l'istante si distende? Ma la camera
di ciò che scrivi molto lentamente raggiunge
la vita degli altri e questa fotografia come una bocca
vera più del vero già a tutti farebbe chiedere
dove sei, l'ora, perché raccogli
il cielo impallidito fra gambi celesti.

Forse questo ultimo momento d'estate
potrebbe dire se stesso
solo se si riproducesse muovendosi,
se assomigliasse a ciò che in un video
le vite che appaiono vogliono sentire simile...

Gli uomini nel neolitico narravano
con i palmi delle mani sulle pareti della grotta
e le sagome delle mani erano il proteggersi,
la luce che vive. Guarda così le mie lettere.

Letter, 6:00 AM

For the moment that divides night from day
you stayed in the open, in the high, blue grass.
Your eyes wrote it into some space
and the camera lens captured her
naked and thin: what life wants to appear.

If you write down a moment does it grow?
Slowly the writing's room reaches the life
of others and this photograph like a real
mouth more than real already would make them
ask where you are, at what time, why you gather
the pale sky between azure stems.

Maybe this last bit of summer
could speak itself
if it reproduced by moving,
if it resembled lives on video
that appear, long to feel similar...

Neolithic men retold with the palms
of their hands on the walls of caves
and the outlines of their hands were protection,
light that lives. See my letters this way.

Attacco le mani al rosa bluastro, alle bocche spinose:
la donna nuda che comprime una migrazione
schiacciando i palmi sulla roccia.
Le vite disarmate continuano la caccia
nella voce registrata, nella foto che cancella
la voce, nelle lettere che cancellano il corpo.

Sei seduta sul muretto di cinta e ascolti
di nuovo il suono del video che scrive
dove sono, l'ora, il perché.
La voce è una donna nuda e fredda
che stampa mani in alto.

I stick my hands on the bluish pink, on the thorniest mouth:
the naked woman who compresses an exodus
crushing her hands on the rock.
Unarmed lives continue the hunt
in the recorded voice, in the photo that erases
the voice, in the letters that erase the body.

On the low wall you sit and listen
again to the sound of the video that writes
where I am, the hour, the why.
The voice is a cold nude
who presses her hands to the sky.

Esposti (1)

Il presente è verde umido, la bocca di Bilbao e la sua vena
come quando i sentimenti in ognuno camminano filtrati.

L'esperienza ha tappe e arresto: la ripresa dell'auto nella pioggia,
quello a cui tendiamo per passione depositata—come chi osserva

il bosco, chi in un video toglie architettura agli anni, chi disegna
un bambino esposto sopra una madre giovane.

Il bambino di Llarroque ha il sesso nudo e rosa,
ma potrebbe essere una rete accecante

—l'arte insiste ancora sulla natura...—e per la natura
cerchiamo cose che siano esposte come le madri le pensano.

Davanti al Guggenheim di metallo un cane altissimo di fiori
è una statua anonima, esposta, in cerchio. L'estremo

su una parete altissima raccoglie l'erba e con quella il video
in un altro spazio—una scena che ora si consolida, ora si espone,

ora diventa dura. Ogni Cristo infante sorrideva...
Tra le statue lignee del medioevo basco

sembra una parola mal compresa, un assedio.

Exposed (1)

The present is damp green, the mouth of Bilbao
like a vein where everyone's feelings seep in.

Experience shifts and plateaus: the reprise of the car in the rain,
what we tend out of passion filed away—like who observes

the forest, who on video robs years of their architecture,
who sketches the child exposed atop his young mother.

The sex of Larroque's infant is ruddy and nude,
but it could be a blinding web

—art still insists on nature...—and for nature's sake
we seek things naked as mothers see them.

In front of the Guggenheim's metal facade a towering dog of flowers
is a nameless statue, exhibited, encircled. High on a wall

the edge gathers grass and with it the video
in another space—a scene now established, now displayed,

hardens. Every infant Christ smiled...
Among the wooden statues of the Basque medieval

it's like a word misunderstood, a siege.

1980

La provincia si è riempita di case nuove.
C'è una felicità. Non eravate ancora nati.
Le case salde di coppie eternabili.

Pensavamo che si espandesse per gru altissime
e alberi trapiantati l'anello di catrame
che terminava nel campo e il campo sereno

come di fronte a uno spettacolo. Dici
non eravate ancora nati, ma esisteva una forma
su cantieri e famiglie: le radici che forzavano,

il catrame, le gru montate, i figli nati,
uno per uno un'automobile, la felicità
come pelle nutrita di un rettile.

Una primavera calda vi taglia adesso
fra le buste della spesa e i bulbi nel cellofan:

ci taglia dove dico guardate il campo con le rovine
delle immagini, il tubo catodico spezzato.

Nel suono fermo della televisione
le case indietro si sbriciolano nel video:

1980

The district is filled with new houses.
There's a happiness. You weren't yet born.
Solid houses, eternal couples.

We thought it had spread on huge cranes
and transplanted trees a ring of tar
that ended at the field, the quiet field

as if before a play. You say
we weren't yet born, but our shape was there
in worksites and families: the roots pushing,

the tar, manned cranes, children born,
one by one a car, and happiness
like a reptile's nourished skin.

Now among shopping bags and cellophane bulbs
one hot spring cuts you off.

It cuts us off where I say look at the field, its ruined
pictures, the broken cathode-ray tube.

In the television's tight sound
the houses behind crumble on screen:

le tiriamo fuori, allacciamo il tetto con il grano.
Senza noi invecchiate come non fossimo nati—

miniatura finita, acqua ragia, ologrammi
dentro tutto il paesaggio.

we pull them out, tie roof to field.
Without us you age as if we'd never been born—

finished miniature, mineral spirit, an entire
landscape of holograms.

Miniature

Vecchie famiglie—innegabile
che esistano personaggi
come in una tela di Cranach
simile alla mente con i gangli,
le curve. La donna di fronte
ha occhiali grandi, l'uomo
a fianco si chiude, il controllore
scorre in una vita diversa,
passa le dita sulla parete
del cellulare dove scivolano
personaggi tra immagine
e immagine. Le ore sono
tutti voi: entrate, uscite
da una fonte in una nudità
interiore, nel lago dolce
di Cranach per la giovinezza
staccando fili d'erba e molecole.
Cosa stai pensando quando
tra noi e loro minuscoli personaggi
si creano, si staccano?
Vecchie famiglie—quanti siamo,
quanti pixel nell'aria, miniature
sul limite.

Miniatures

Old families—undeniable
that characters exist
as in a Cranach canvas
like the mind with its ganglia,
its curves. The woman in front
has huge glasses, the man
next to her withdraws, the conductor
slips into a different life,
runs his fingers over the surface
of his cell phone where characters
slide from image
to image. The hours are
all of you: you enter, exit
a wellspring internally
nude, into Cranach's sweet lake
for a youth dividing
blades of grass and molecules.
What are you thinking when
between us and them tiny figures
are created, removed?
Old families—how many we are,
how many pixels in the air, how many
miniatures on the margins.

Prospettiva

La linea dell'orizzonte sembrava il confine del mondo
fermato tra il tuo polo e il mare. Il mare si curva perché

la terra è un globo, le mani sospese tra naso e orizzonte
danno pugni, spingono contro l'orizzonte immagini di incoerenza.

Adesso in un viaggio di due ore tagli a metà il paese
passando a fil di lama la nebbia al nord e l'azzurro al centro

quattrocentesco, l'affresco di Piero della Francesca
che vorrei trasparente, sopra al mondo la sua prospettiva.

Ma oggi nel vulcano sgranate le persone rincorrono un punto
di fuga interiore, dalla cornea alla pupilla, e le scie rosse sottili

schizzano elettriche; ma un bisogno di verità deve pur correre
come la lama aguzza del treno ci toglie soli da noi stessi

(io, noi?) e mentre corre ti vedo in una casa vuota ancora
con i pugni paralleli spingendo immagini che fanno sciami

di insetti e polveri. Dietro il vetro della finestra l'alba ha tagliato
il cortile: le ombre dei vestiti asciutti corrono sui muri, i confini

Perspective

The horizon line seemed the edge of the world
fixed between your axis and the sea. Earth is a globe

so the sea curves; hovering between your nose and the horizon
your hands punch, thrust incoherent pictures against it.

Now you cut the country in half in a two-hour trip
riding a blade from northern fog to the blue at its 15th-century

center, the Piero della Francesca fresco
I want transparent—that perspective over the world.

But today at the volcano grainy faces chase an interior point
of vanishing, from cornea to pupil, their fine red wakes

splash electric; yet even the need for truth must race
the train's pointed blade that pulls us from ourselves

(I, we?) and as it races I see you in an empty house still
with your fists parallel you thrust pictures make insect

swarms and dust. Behind the windowpane dawn cuts
the courtyard: the shadows of dried clothes run the walls, aging

invecchiando invertono la prospettiva l'uno nell'altro come i poli antipodi e uniti del pianeta strappano l'orizzonte l'uno all'altro.

Nel vetro tagliente dell'alba la lama del treno è una prospettiva aerea. Esseri fragili hanno occhi che si toccano.

borders trade one perspective for another like pole
and antipole united wrench planet from horizon.

In the sharp pane of dawn the train's blade is an aerial view.
Fragile beings have eyes that touch.

Esposti (2)

Come tutti e nessuno restano lì.
Ci sono alberi fra le punte delle colline.
Ma adesso alberi è una parola irreale.

Da una traccia sporca di erba guarda i tronchi ruvidi:
possono essere gambe dopo una corsa dopo una lotta
ferme e fragili nel fango. La corteccia brucia le parti

il corpo di un lottatore, un ribelle dell'Asia: movimenti
senza voce, spezzati in un video e chiusi.
Riavvolgi la collina sopra le meridiane, questo campo

e il paese della dittatura. Il legno che tocchi
fa ginocchia e torsione. L'osso piega, il tendine flette.
La voce umana delle ginocchia non respira e non chiede.

Prendi la parola albero e schiacciala contro la carne.

La grana del legno diventa bianca, si rompe,
le ginocchia sentono il peso delle costole piegate
il ragazzo, l'avversario, chi vince alla fine...

Nell'aria imperfetta come tutti e nessuno
gli alberi tremano in frazioni limpide.

Exposed (2)

Like everyone and no one they remain.
There are trees among the hilltops.
But now *trees* is an imaginary word.

From this dingy strip of grass you see the rough trunks:
fixed, fragile in the mud like legs after a run
after a fight. The bark burns the parts

the body of a fighter, a rebel from Myanmar:
movements without voice, on video clipped and closed.
You rewind the hill over the sundials, over this field

this land of tyranny. The wood you touch
kneels and twists. Bone bends, tendons flex.
The knees' human voice doesn't breathe or ask.

You grab the word for tree, press it against the flesh.

The woodgrain turns white, breaks,
knees feel the weight of bent ribs
the boy, the enemy, who wins in the end...

In the air flawed like everyone and no one
clear as division the trees tremble.

Lettera, 00:00

*To be spirited away
into some transparent,
yet indigenous afterlife*
—Seamus Heaney

Voci senza suono, volti scavati
passano in fondo al video come i tronchi maceri
di una leggenda: anche le persone con i desideri

infossati come solchi nel catrame possono portare
una leggenda. Le grida sono legni, acqua vecchia
diventano gusci, forse nodi bianchi.

La leggenda che porto ora in questa città
racconta della nascita di certi uccelli
dai gusci dalla schiuma dai legni morti

poi crescono le piume—dice—e volano sul mare
come tutti gli uccelli, tutti gli uccelli anche qui
—credo—qualcosa si sta alzando o si rompe.

La leggenda fa trasparenza, i solchi sul catrame
sono le cicatrici che ogni persona in qualche parte
nasconde. Invecchiando si mimetizzano.

Anche le leggende fanno sfere mimetiche.
Adesso volano a mezz'aria, senza misura
lacera o intatta.

Letter, 00:00 AM

*To be spirited away
into some transparent,
yet indigenous afterlife*
—Seamus Heaney

At the end of the video, soundless voices,
hollowed-out faces scroll like the ground stumps
of legend: even people with desires

emptied like furrows in tar can carry
a fable. The screams are timbers, old water
they turn to bark, white knots, even.

The fable I bring to this city
tells of the birth of some birds
from shells from foam from driftwood

feathers grow—it says—and they fly over the sea
like all birds, even all the birds here
—I think—a thing either rises or breaks.

The tale makes transparence, tar furrows
are scars each person hides
somewhere. They camouflage as they age.

Even fables make mimetic spheres.
There they fly in mid-air, their size
neither torn nor intact.

TRANSPARENCE

Isola

Nella notte il vetro dei grattacieli di Isola
sembra una faglia sull'orizzonte,
il semicerchio della struttura che dice
il potere di rendere solida l'acqua
e liquefarsi al momento
che hai finito di circoscrivere.

Qui le ore per buio distinguono
il silenzio netto, il rullio dei treni,
le gocce nell'aria, le fibre—
ma l'alba ci ha fermato in un suono contorto:

le curve del tempo vuoto
la fuga nel sottopassaggio
l'elettricità aperta tra gli ascensori e il cibo decongelato
gli artefici di questa pulizia di vetro
o una prova molto umana per fermare un azzurro
fragilissimo.

Seduti al limite della fontana
ecco il sorpasso: il freddo
incorruttibile del buio
si restringe e una folla normale

Isola

At night Isola's high-rise glass
seems a fault on the horizon,
a half-circle of building that commands
the power to make water solid
then liquefy at the moment
you're done circumscribing.

Here the hours distinguish by dark
the tidy silence, the rumble of trains,
drops in the air, fibers—
but the dawn halts us in contorted sound:

the curves of empty time
the tunnel escape
elevators, defrosted food, an open charge between them—
the architects of this glass neatness
or a human attempt to still the fragilest
blue.

Seated on the fountain's edge
here's the takeover: incorruptible
the cold of dark
shrinks back and the usual crowd

scala i tratti del volto. Al bar mi dici
che è metafora del mondo
oggi trattenendo il cibo nella bocca
il grande vetro di questi edifici
e il cibo profondo negli organi:

meccanica e carne invisibili lavorano
e la loro imperfezione avvolge al puro e all'impuro
entrando uscendo dal grande vetro
come l'arte afona e oscura di Duchamp
taglia a sezioni.

Nel caso premi la mano, può frangersi

o resistere come l'etere resiste,

e lì coscienti o da noi separati

puro e impuro,

il grande schermo di Isola

o un continente.

scales the face's lines. At the café
you tell me it's a metaphor for our world
hoarding food in its mouth
the huge glass of these buildings
and the food organ-deep:

machine and flesh toil, invisible,
and their imperfection wraps pure and impure
entering exiting from the huge glass
that's cut into sections
like a mute obscure Duchamp.

If you squeeze your hand, it could break

or resist as the ether resists,

and there self-conscious or self-removed

pure and impure,

Isola's vast screen

or a continent.

Accoglienza

I.

Si raccontano, una faccia nell'altra.
C'è il pane fresco sul banco, asciutto,

il suono di cose toccate. Dispone
pezzi in fila—le mani sembrano terra,

le unghie sono tagliate fin dentro la carne.
Le storie scomposte in sagome

fanno corto circuito. Attraverso
il vetro appare reale solo la forma

delle magliette made in china.
Come dire posto per accoglienza?

Il cielo preme su tutti, scivolano fuori
dalle magliette i corpi.

Shelter

I.

They tell their stories, one face in the other.
There's the fresh bread on the counter, dry,

the sound of touched things. He arranges
pieces in rows—hands seem like earth,

fingernails trimmed to the flesh.
Histories cut down to templates

short circuit. Through
the glass only the forms of shirts

made in China seem real.
How to say place for shelter?

The sky presses down on everyone, bodies
slide from shirts.

II.

Parlare, sentire: entriamo, compriamo
due chili di pane—parlare, sentire

le mani calde, gli occhi geologici. Sembra
di attraversarsi, noi nella mattina soli

dal banco al vetro alla strada...
Le aste traslucide attraverso i vetri

sono rami—e il vento
le apre, li chiude.

II.

To speak, to hear: we enter, we buy
two kilos of bread—speak, hear

hot hands, geological eyes. Seeming
to crisscross, us in the morning alone

from the counter to the window to the street...
Translucent rods through the glass

are branches—and the wind
opens, closes them.

III.

Il nome inizia con la a e finisce con la h
suona una cosa calda, di lievito

ed è vero—la distanza esiste meno
di prodotti che di etnia. La cosa esplode.

Il vento comprime tutti,
finisce con la h, come si soffia.

III.

The name starts with *a* and ends with *h*
the sound of something hot, made of yeast

and it's true—the distance is less in products
than in ethnicity. The thing explodes.

The wind compresses everyone,
it ends in *h*, as though blowing.

IV.

Sembriamo serpenti, curve, lingue mescolate.
Passiamo attraverso un posto immaginario.

È una sfida, come il ragazzo della favola
nascondeva la volpe tra ascella e fianco.

Il cielo preme su tutti, le solitudini esplodono.
Il posto intorno è vero—i serpenti solo suono.

IV.

We curve like snakes, mixed tongues.
We pass through an imaginary place.

It's a dare, like the boy from the fable
who hid a fox under his arm.

The sky presses everyone, solitudes explode.
The place around is real—the snakes mere sound.

Fondale

La luce verde del fiume, quella rosa delle montagne
da sud a nord attraverso l'appartamento. È un lembo

sottile di calce, si apre, contiene. Provi a separare
le voci che salgono, le scaglie d'acqua iridescente.

Come queste lingue sono sincere: le frazioni con poche
consonanti e le vocali chiuse, nere, equatoriali, ritmiche

tamburi tra i rami dei platani. Per ogni lingua
una scaglia d'acqua, spinta dalle finestre alle montagne

in un'unione disarmante. Il cerchio della roccia amplifica,
la città è uno stadio, questa casa il suo timpano, noi dentro

tiriamo fuori come aghi da pesca le radici delle parole.
Cosa non abbiamo imparato, cosa non scritto e più forte,

una scarica improvvisa nel fiume, il radio che fa splendere
il fondale. Vocali aperte vanno confuse nell'erba, vocali

chiuse spingono polvere e motori. Chiudiamo gli occhi:
ecco tutte le scaglie, suoni rotti, aspirati.

Riverbed

The green light of the river, the pink of the mountains
crosses the apartment south to north—a soft strip

of chalk that opens, contains. You try to distinguish
the rising voices from the scales of iridescent water.

How sincere these languages: fragments with few
consonants, closed vowels, black, equatorial, rhythmic

drums through sycamore branches. For each language
a scale of water, thrust from window to mountain

in disarming union. The rock circle amplifies,
the city is a stadium, this house its eardrum, we inside it

pulling out the roots of words like hooked fish.
What haven't we learned, what that's stronger, unwritten,

a sudden burst in the river, the radium that makes the riverbed
shimmer. Open vowels muddle in the grass, closed

vowels rouse dust and motors. We close our eyes:
here are all the scales, broken sounds, drawn in.

Il fiume torna al suo posto, la montagna al suo posto.
Se restiamo in silenzio siamo conduzione:

parole, anelli allacciati, elettricità, persone
adesso su un fondale stranamente illuminato.

The river returns to its place, the mountain to its place.
If we remain silent we conduct:

tongues, knotted rings, electricity, people
now on a riverbed strangely illuminated.

Dorsoduro

I.

Le case sull'acqua avranno solidità
ma gli occhi intorno non sono umani.

Tra atmosfera e atmosfera tutto si trasforma.

Un suono umano è disumano.

Dorsoduro

I.

The houses on the water will stand firm
but the eyes around them aren't human.

Atmosphere to atmosphere everything transforms.

A human sound is inhuman.

II.

Resistono piante d'acqua. Immaginiamo
che ci raggiungano da un nucleo profondo.

Il giardino è in equilibrio senza atmosfera,
si riflette nell'acqua per sintesi di luce

attraverso la città che ha forma di pesce
ma scorre senza natura vegetale o animale.

Allora papadopoli tra atmosfera e atmosfera
fa un'energia invisibile, un equilibrio steso.

Questo giardino non ha natura, non è giardino.

Equilibrio sulle acque è equilibrio?

II.

They resist water plants. We imagine
they reach us from a nucleus deep within.

The garden is balanced without atmosphere,
its reflection on the water is a summary of light

across a city that, though fish-shaped,
flows with a nature neither animal nor vegetable.

Now Papadopoli makes invisible energy,
balance hanging between atmospheres.

This garden has no nature. It's not a garden.

Is this balance on water real balance?

III.

Il male è nascosto nella nebbia del mare.
Un uncino lo porta avanti e indietro.

Ci siamo persi di notte su questa riva,
le luci oscillano sopra le spalle.

Non siamo più uomini ma suono
che cuce dorsoduro alla giudecca.

I motori scrivevano densamente l'acqua.

Ora un silenzio fitto nel reale portato.

III.

Evil is hidden by the fog on the sea.
A hook brings it forward and back.

At night we get lost on this bank,
the lights oscillate on our shoulders.

We're no longer human but sound
that stitches Dorsoduro to the Ghetto.

The motors write the water densely.

Now a fixed silence in the real delivered.

Limiti

Silenzio: con quale altra parola vuoi raggiungermi?

Al limite dell'aeroporto l'atmosfera è tutto
chiude i nostri mondi in un'ascissa che scende a terra
senza toccarla, porta il peso di tutto.

Con quale altra parola vuoi toccarmi?

Il sudore è l'unico segno dalla carne al plexiglass
dal plexiglass al vento dell'hangar.
Diventa nodi trasparenti
forme di cristallo tremano sotto le ali.

Con quale altra parola cerchiamo di vivere per sempre?

La stella vecchia mangiava la giovane ma poi è morta
e cadendo è diventata una scia senza colpa.

Appoggiamo la testa al finestrino, perdiamo l'intimità.
Solo schegge fluorescenti dall'orizzonte al cervello.

E allora toccami silenzio, fammi male.

Limits

Silence: with what other word would you reach me?

On the edge of the airport atmosphere is everything
it fixes our worlds to an axis that falls to earth
without touching it, carries all our weight.

With what other word would you touch me?

Between flesh and plexiglass, between plexiglass
and the hangar's wind, sweat is the only sign.
It turns into transparent knots
crystal forms tremble under the wings.

With what other word might we live forever?

Maybe that aging star ate its young, but it died
and fell, became a guiltless contrail.

We lean heads against windows, lose intimacy.
Only fluorescent slivers between horizon and brain.

So touch me, silence, make it hurt.

Trasparenza

I.

Le foglie e i ferri traslucidi stringono a metà un punto luce:
ha catturato le ore come cadono in noi se iniziamo a contarle

quando il mare si alza. Il mare è davanti come un orizzonte verticale:
si scioglie senza profondità, sembra certe parti di noi

che evaporano nei contatti umani, diventano verticali.
Il mare è davanti e nel punto luce tra foglie e ferri

vuoto di bene e male se lo guardiamo come il margine di un
metronomo—in ogni riflesso un'ora, in ogni ora un'immagine.

Il mare è davanti a noi, noi siamo davanti al mare.
Nell'acqua trasparente immaginiamo pesci-ago,

tutto è una notte che galleggia nell'alba—nel fondo
cadono foglie e ferri, si incontrano l'alba e la notte.

Transparence

I.

Iron and leaves, translucent, pinch a light source in half:
it's captured the hours' fall, should we count them,

when the sea rises. The sea is before us like a vertical horizon:
it dissolves, depthless, like the parts of us

that vaporize at human touch, become vertical.
The sea's ahead and in that light source between irons and leaves

void of good or bad if we see it like a metronome's
edge—in each reflex an hour, in each hour an image.

The sea is before us, we are before the sea.
We picture needlefish in the clear water

all is a night that floats on the dawn—leaves and irons
fall to the bottom, dawn and night meet.

II.

Sembra di potersi stendere in questa prospettiva:
tra le foglie e i ferri brilla oltre la sbarra curva

con gli argini mangiati e ora lì, un'archeologia
uno specchio delle piante che difendono gli embrioni

dei frutti e puntano i bordi seghettati delle foglie
al metallo come a un mare.

Il ferro incandescente sotto il sole allora è il mare
come un uomo che immagina se stesso il mare e io

lo tocco nell'ombra che si muove, una lama
sopra la pelle. I frutti acerbi e i pensieri si staccano

mentre ci assottigliamo, diventiamo verticali—
i frutti e i pensieri geminano contro l'orizzonte.

Il mare è davanti, la collina senza prima né poi:
in mezzo siamo diventati ore e immagini.

II.

In this perspective we seem able to stretch out:
between iron and leaf the curved rail gleams beyond

with its eaten banks and just there, an archeology
a mirror of plants that defend the embryos

of their fruit and aim their leaves' serrated edges
toward metal as to sea.

Under the sun the shining iron is therefore sea
just as a man might imagine himself sea and I

touch it in the moving shade, a blade
on the skin. Sour fruit and thoughts part,

duplicate against the horizon
as we wear thin, become vertical.

The sea is in front of us, the hill not before
nor after: between we've become hours, images.

III.

In ogni riflesso un'ora, in ogni ora un'immagine:
tra la collina e il mare hai trovato un posto puro

appartiene a te, ma potrebbe esistere in ognuno,
lo spazio regresso dietro le ossa dove tutto

per un momento può esistere verticale. In alcuni
questo spazio è aperto dalle perpendicolari

di case, binari o dal modo in cui in un video il colore
del metallo si lega al cielo: lo spazio dove la pelle dei frutti

che maturano è quello della pelle che invecchia,
la muta di un animale spaventato mentre invecchia.

La planimetria di un quartiere si dirama, una stanza
di voci, gola sola dentro lingue dense...

Questo, come il posto di ognuno che è l'individuo
e trascina dalla riva del secolo il mito che ognuno è solo

individuo. Ti vedo contro il centro della stanza,
la bestia fiuta il cibo o il predatore,

III.

In each reflex an hour, in each hour an image:
between hill and sea you've found a pure place

that's part of you, though it could be in anyone,
that retreats behind the bones where for a moment

all may exist in vertical. In some
this space is opened by the right angles

of houses, binaries, how on video the color
of metal fastens to sky: the space where skin

on ripened fruit is that of skin that ages,
a frightened animal's molting as it grows old.

A neighborhood's blueprint branches off, a room
of voices, lone throat among dense tongues...

Like the place of everyone that's individual
and drags from century's shore the myth that each one

is individual: this. I see you against the center of the room.
The beast senses food or predator,

la moltitudine che è cibo o predatore e la sua pelle
suona come una muta, lascia uno strato

un altro e ogni nuovo giorno cammina con una pelle
nuova sopra il posto interiore che invecchia—

ognuno consuma il suo individuo. Fuori le voci
arrivano sintonizzate agli angoli della stanza

e forse si sente anche il punto in cui il suono sembra
una prospettiva verticale, ma sprofonda in ognuno

che è l'individuo, il mito immobile al centro:
ognuno se stesso solo.

multitude that is food or predator and its skin
sounds like shedding, leaves a layer

another, and each new day goes on with new skin
over the place inside that's aging—

each consuming its individual. Outside the voices
harmonize with the corners of the room

and perhaps you even hear the point at which the sound seems
a vertical perspective, but it sinks in each one that is

the individual, the myth immobile at the center:
each himself alone.

IV.

La pelle dei frutti è diventata rossa. Il palo dei fili elettrici oscilla.
I frutti trapassano il vento come un filo a piombo.

C'erano le tue idee sparse sopra l'orizzonte, ti fanno apparire
così umano e fragile: è il segreto di ogni uomo, l'archeologia

di ognuno: trapassare quello che si vede e se stessi in quello
che si vede—unire la collina e il mare in un solo punto luce

e gli incroci e le piazze agli angoli della stanza, gli angoli
in un solo punto luce che sono io—e lasciarlo andare,

metro dell'illusione di vivere per sempre... Così alcuni
vedono in questi frutti acerbi figli che portano geni,

altri nomi di strade scavati su targhe di pietra
per salvare il fantasma che chiamiamo io.

Ma c'erano due frutti quasi maturi in cima,
al confine della vista tra collina e mare,

due sfere traslucide, un pensiero di vita infinita—
e la tortora se li è portati via, una dolcezza aguzza.

IV.

The fruit's skin has turned red. The electric pole trembles.
The fruit crosses wind like lead wire.

There your ideas scattered over the horizon, making you seem
so human and fragile: it's the human secret, the archaeology

of everyone: to cross over the seen, through oneself
in the seen—to unite hill and sea in a single light source

and the crossroads and the piazzas with the corners of the room,
the corners in the single light source of me—and let it go,

meter of dream that we live forever... So in this sour
fruit some see the genes of offspring,

other street names dug in stone tablets
to save the ghost we call I.

Yet at the summit, at the edge of the view
between hill and sea, two fruits were almost ripe,

two translucent spheres, a thought of infinite life—
and the turtledove took them, a sharp sweetness.

Il mare è davanti. La tortora ha paura di noi,
non del mare. Noi temiamo il mare, non la

tortora. Volevamo uccidela perché
ha mangiato i frutti—ci ha uccisi il mare:

la vertigine dell'orizzonte verticale, l'ansia
impura di noi—dell'immortalità.

The sea is before us. The turtledove fears us,
not the sea. We dread the sea, not

the dove. We wanted to kill it because
it ate the fruit—the sea has killed us:

the dizziness of vertical horizon, the anxiety
impure of us—of immortality.

V.

Per ogni occhio che guarda le stelle in ogni occhio
aprono una prospettiva. In questo spazio, di notte,

foglie e ferri assomigliano a organi che rallentano
il battito, rompono i miti. La solitudine è un'ansia umana

di immortalità? Sta appoggiata al mare e a una morte,
ci fa toccare come si toccano le luci dei pescherecci

quando si staccano dal porto e in fila bucano il punto di fuga
nero, verticale. Anche il mare va a fondo in sé e noi a fondo.

V.

For each eye that watches the stars in each eye
they open a perspective. In this space, by night,

leaves and irons resemble bodies that slow
the pulse, break myths. Is solitude a human

impatience for immortality? It leans on the sea and on death,
makes us touch like the lights of fishing boats touch

when leaving port they line up and pierce the vanishing point
black, vertical. Even the sea retreats into itself and we at the bottom.

VI.

Il mare è davanti. La luce della mattina si sgrana,
ci trasforma nei punti di fuga di una prospettiva rovesciata.

I frutti cadono, ci attraversano i pensieri,
si depositano sopra le ossa e i pensieri si gonfiano

in alto resistenti nell'aria di fine estate, sfere dove
le proiezioni di molti uomini iniziano a scambiarsi

fissandosi dentro la luce mentre mare e terra
raffreddano. Inaspettatamente possiamo diventare

freddi appoggiati su onde e nuvole fredde.
Intorno, il posto adesso è trasparente.

Intorno, è il posto interiore della paura e della verità.
In mezzo, le sfere dei pensieri sono libellule:

si accoppiano e i frutti cadono, dicono
cosa siamo, come ci siamo immaginati.

È mattina: è tornare l'uno di fronte all'altro
—essere la prospettiva fragile e forte

per chi ci ha abitato, chi ci abita.

VI.

The sea is before us. Morning light crumbles,
turns us to vanishing points of an inverse perspective.

The fruit falls, thoughts go through us,
land on our bones as thoughts swell

above, sturdy in the air of summer's end, spheres
where the projections of many men change places

fixing themselves in the light while sea and earth
cool. Unexpectedly we can become

cold resting on waves and cold clouds.
All around, the place is now transparent.

All around, the interior place of fear and truth.
In between, thought spheres are dragonflies:

they pair and fruit falls, they say
what we are, how we imagined ourselves.

It's morning: it's returning one to face the other
—being perspective fragile and strong

for who has lived in us, lives in us now.

Notes

"Aquatic Centre" (p. 23) references the London Aquatic Centre, completed by Zaha Hadid Architects in 2011.

"Exposed (1)" (p. 71), references a Jeff Koons sculpture on the grounds of the Guggenheim Museum in Bilbao, Spain.

"Isola" (p. 89) refers to a neighborhood in Milan.

"Dorsoduro" (p. 105) references a neighborhood in Venice.

MARIA BORIO is the author of two collections of poetry: *Trasparenza* (Interlinea, 2019) and *L'altro limite* (LietoColle, 2017). A selection of her works entitled "Vite unite" was included in *Quaderno italiano di poesia contemporanea XII* (Marcos y Marcos, 2015). She holds a Ph.D. in contemporary Italian literature and has written the monographs *Satura: Da Montale alla lirica contemporanea* (Serra, 2013) and *Poetiche e individui* (Marsilio, 2018). She is poetry editor of the journal *Nuovi Argomenti*, previously directed by Alberto Moravia and Pier Paolo Pasolini.

DANIELLE PIERATTI's poems and translations have appeared in *Boston Review*, *Mid-American Review*, *Words Without Borders*, and elsewhere. Her first book, *Fugitives* (Lost Horse Press), was selected by Kim Addonizio for the 2015 Idaho Prize and won the 2017 Connecticut Book Award for poetry. She is the author of two chapbooks: *By the Dog Star*, 2005 winner of the Edda Chapbook Competition for Women (Sarasota Poetry Theatre Press), and *The Post, the Cage, the Palisade* (Dancing Girl Press). She lives in Connecticut.

The text of *Transparencies* is set in Garamond Premier Pro.
Typesetting by Dakota Jackson and Don't Look Now.
Cover design by Diego Spitaleri. Printed and bound in
Saline, Michigan at McNaughton & Gunn.